Mascotas inusuales

I0794615

LAS CABRAS PIGMEAS

MARYSA STORM

BLACK RABBIT BOOKS

Bolt es una publicación de Black Rabbit Books
P.O. Box 227, Mankato, Minnesota, 56002
www.blackrabbitbooks.com
Copyright © 2026 Black Rabbit Books

Alissa Thiegles, editora; Rhea Magaro, diseñadora de los interiores e investigación fotográfica.

Todos los derechos quedan reservados. Prohibida la reproducción, almacenamiento en bases de datos o transmisión por cualquier método o formato electrónico, mecánico o fotostático, de grabación o de cualquier otro tipo sin el permiso por escrito de la editorial.

Información del catálogo de publicaciones de la Biblioteca del Congreso
Library of Congress Cataloging-in-Publication Data
Names: Storm, Marysa, author.
Title: Las cabras pigmeas / by Marysa Storm.
Other titles: Pygmy goats. Spanish
Description: Mankato, MN: Black Rabbit Books, [2026] | Series: Mascotas inusuales | Includes bibliographical references and index. | Audience: Ages 8–12 | Audience: Grades 4–6
Identifiers: LCCN 2024050581 (print) | LCCN 2024050582 (ebook) | ISBN 9781644669532 (library binding) | ISBN 9781644669655 (ebook)
Subjects: LCSH: Pygmy goat—Juvenile literature. | Pygmy goats as pets—Juvenile literature.
Classification: LCC SF386.P94 S7618 2026 (print) | LCC SF386.P94 (ebook) | DDC 636.3/986—dc23/eng/20250115

Image Credits

Alamy Stock Photo/ Andrew Wilson, 4-5, 20-21, Farlap, 1, imageBROKER/David & Micha Sheldon, 10-11, Mark J. Barrett, 9; Dreamstime/Bernard Bialorucki, 3, Lee Dawe, 26; Getty Images/retales botijero, 6-7; Shutterstock/Amanda Lakotish, 16 (centro), Bailey Davenport, 23 (abajo), Dipak Talati, 17, Eric Isselee, 31, Jason Wilde, 15, Kirti Bhole, 25 (arriba), LGAndrade, 22 (arriba), Martins Vanags, 25 (abajo), Minh Do, 9, Mizanul Islam, 7, 9, 12-13, Nicola Pulham, 16 (abajo), Nynke van Holten, 28-29, Ola_Ill, 7, Oleksiichik, 25 (centro), photomaster, 18-19, Rita_Kochmarjova, portada, 23 (arriba), 32, SakSa, 16 (arriba), Sherry Sinclair, 22 (abajo)

CONTENIDO

CAPÍTULO 1

Conoce a la CABRA PIGMEA

Una pequeña cabra mira fijamente hacia una pila de leña. Es al menos cuatro veces más alta que la cabra. Pero a la cabra no le importa. Con un pequeño impulso, comienza a trepar. Salta de un tronco a otro. Dos cabras más la siguen. ¡Es una carrera hacia la cima!

Hora de las golosinas

Una vez en la cima, las cabras saltan. Saltan de un lado a otro de la pila. Luego se quedan quietas. Ven a su dueña. ¡Y ella tiene comida! Las cabras jóvenes corren por la pila de leña. ¡Ahora es una carrera hacia su **comedero**!

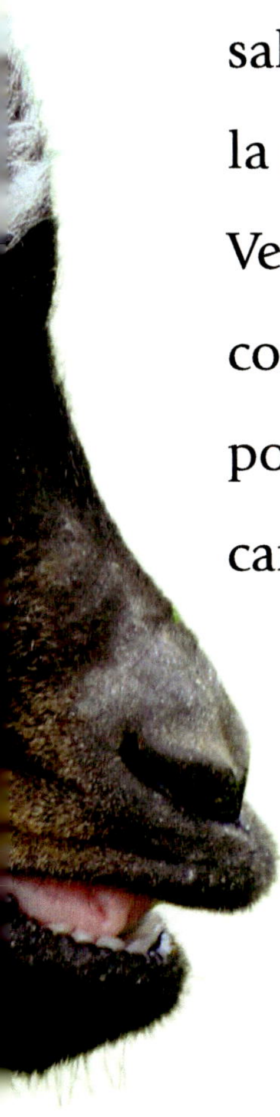

Hembras = cabras

Machos = chivos

Crías = cabritos

CAPÍTULO 2

UNA MASCOTA ESPECIAL

Las cabras pigmeas son animales pequeños y juguetones. Les encanta saltar y trepar. Cuando no están jugando, suelen estar comiendo. Disfrutan masticando hierba y heno. Al igual que las vacas, las cabras mastican el **bolo**. Esto las ayuda a descomponer las plantas duras.

COMPARACIÓN DE TAMAÑOS

CABRA PIGMEA
18 a 20 pulgadas
(46 a 51 centímetros)
LABRADOR RETRIEVER
21 a 25 pulgadas
(53 a 64 cm)
50 a 60
LIBRAS
(23 a 27 kilogramos)
65 a 70
LIBRAS
(30 a 32 kg)

Estas cabras también comen **especies invasoras.**

Cortacéspedes vivientes

Estas pequeñas cabras llegaron a Estados Unidos a finales de la década de 1950. Algunas personas las tienen como mascotas, otros las utilizan por su leche o para cortar el césped. Si el césped es difícil de cortar, los dueños pueden poner a trabajar a sus cabras hambrientas.

DE DÓNDE VIENEN LAS CABRAS PIGMEAS

EUROPA
ASIA
ÁFRICA
AUSTRALIA
ANTÁRTIDA

CAPÍTULO 3

CARACTERÍSTICAS de la cabra pigmea

Las cabras pigmeas se parecen mucho a las cabras normales. Tienen caras estrechas, orejas largas y **pupilas** rectangulares. Las cabras pigmeas tienen cuernos, y los machos tienen cuernos más grandes que las hembras. Algunos dueños les quitan los cuernos a sus cabras cuando son jóvenes.

Los cuernos de las cabras pigmeas crecen durante toda su vida. Cada año les crece un nuevo anillo. La edad de la cabra se puede determinar contando estos anillos.

CABRA PIGMEA COLORES

gris

marrón

negro

Pelo y pezuñas

Las cabras pigmeas tienen el pelo **grueso**, es liso y puede ser de muchos colores. Algunas cabras tienen marcas y dibujos. Las cabras mudan su pelaje de invierno en primavera. Los propietarios deben cepillar a sus cabras para ayudarlas a eliminar todo el pelo. Las cabras también tienen pezuñas que nunca dejan de crecer. Los dueños deben recortar las pezuñas cada 6 a 8 semanas.

blanco

PARTES DE LA CABRA PIGMEA

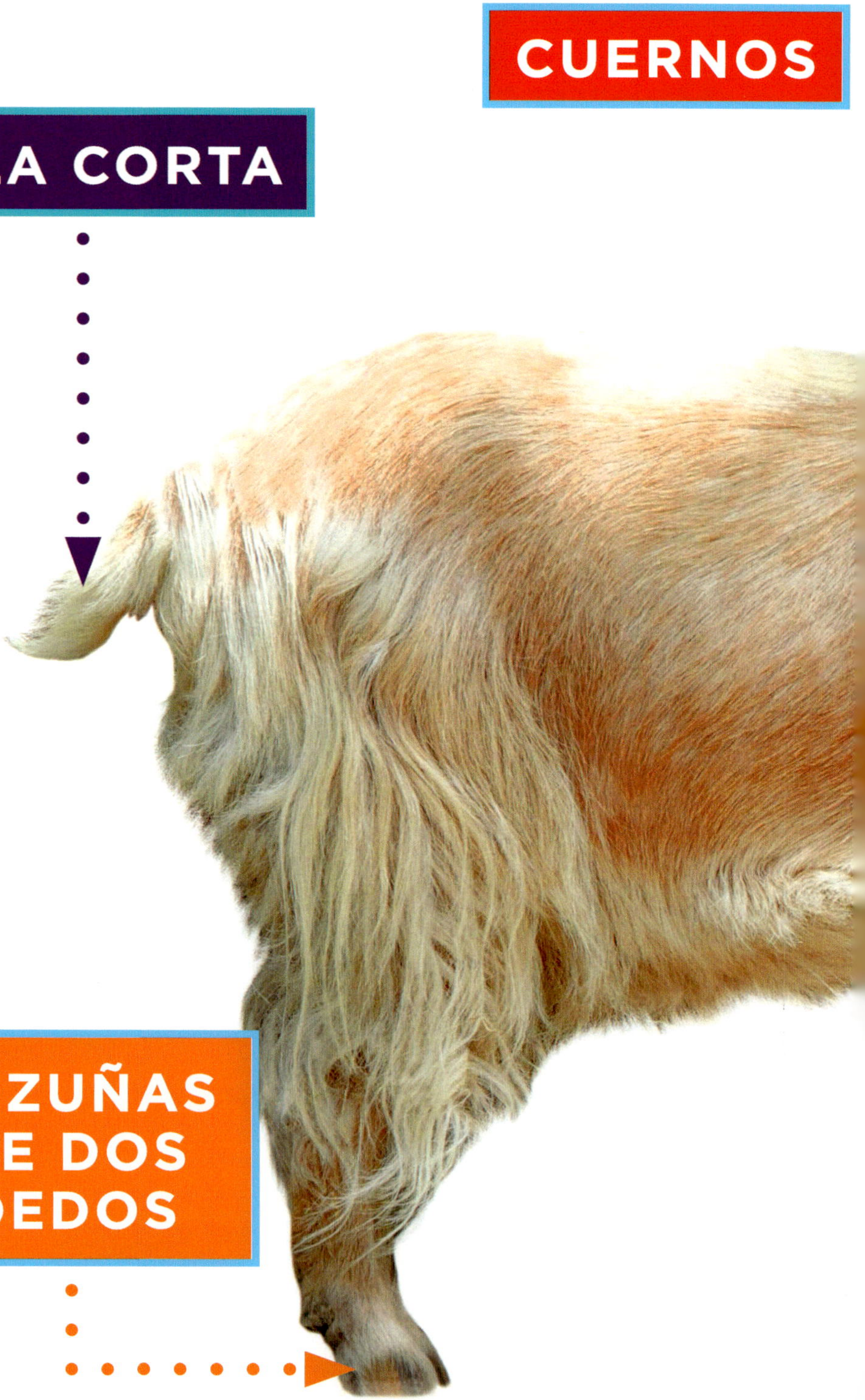

OJOS MUY SEPARADOS
OREJAS LARGAS
BARBA
(solo los machos)

CAPÍTULO 4

Cuidados de una CABRA PIGMEA

Las cabras pigmeas necesitan mucho espacio al aire libre. No deben permanecer dentro de la casa. Su **corral** necesita un refugio. Estos pequeños animales son buenos para escapar. Necesitan una cerca fuerte que los mantenga fuera de peligro. También necesitan cosas para trepar y jugar. ¡A estas cabras les gusta divertirse!

Cada cabra necesita alrededor de 200 pies cuadrados (18.6 m), lo que equivale aproximadamente a un garaje para un auto.

RAZAS POPULARES DE CABRAS COMO MASCOTAS

Cabra bóer

Cabra miotónica

Cabra enana nigeriana

Cabra nubia

Comida y agua

Las cabras pigmeas necesitan siempre un bebedero con agua fresca y limpia. En cuanto a la comida, lo mejor es hierba y heno. También pueden comer **pellets** para cabras. Sin embargo, los dueños deben limitar la cantidad, pues estas cabras pueden engordar fácilmente. Las cabras pigmeas necesitan lamer bloques minerales, les aportan **nutrientes**.

¿Qué pueden comer las cabras pigmeas?

hierba

heno

pellets para cabras

Cuidados especiales

Las cabras son animales de manada, no se las debe tener solas. La mayoría de los dueños tienen dos o más. Las cabras pigmeas necesitan un veterinario especializado en el cuidado de cabras. Los veterinarios les ponen inyecciones y medicamentos, les quitan los cuernos y les recortan las pezuñas. Los cuidados adicionales pueden costar más. A pesar de que requieren trabajo, a las personas les encantan estas cabras juguetonas.

En NÚMEROS

10 a 15 AÑOS
ESPERANZA DE VIDA

4
Número de cámaras que tiene el estómago de

Más de

200

NÚMERO TOTAL DE RAZAS DE CABRAS

alrededor de

150

dias

CUÁNTO TIEMPO ESTÁ PREÑADA UNA CABRA

GLOSARIO

bebedero: un recipiente largo y poco profundo del cual los animales comen o beben

bolo: alimento que se lleva a la boca para masticarlo nuevamente

corral: un área pequeña y cerrada para animales de granja

especies invasoras: animales que se propagan por un área donde no son nativos, lo que a menudo causa problemas

grueso: que tiene una calidad áspera

nutriente: una sustancia o ingrediente que una persona o animal necesita para estar saludable

pellet: una bola pequeña y dura de comida

pupila: la parte del ojo que deja entrar la luz; en las personas, es la parte redonda y negra del ojo

ÍNDICE ALFABÉTICO